Jens Schöne

Jenseits der Städte
Der Volksaufstand vom Juni 1953 in der DDR

Titelbild: Ganz im Ton der SED-Propaganda schrieb ADN, der Allgemeine Deutsche Nachrichtendienst der DDR, zu diesem Foto vom 26. März 1953: »Tausende von Genossenschaftsbauern, Traktoristen, Agronomen und Landmaschinenarbeitern haben sich zum Aufbau der Grundlagen des Sozialismus auf dem Lande, zur Umgestaltung der Landwirtschaft in die sozialistische Großflächenwirtschaft vereinigt. Bis auf einige kleine Flächen hat die MTS Leimbach, Kreis Querfurt, mit einer Hektarfläche von 7 700 die Frühjahrsaussaat abgeschlossen und ist jetzt beim Ziehen der Saatfurche für die Kartoffeln. Der Aufruf des Zentralkomitees der Sozialistischen Einheitspartei Deutschlands zur strengen Sparsamkeit veranlasse die MTS Leimbach, mit der MTS Straach einen Freundschaftsvertrag abzuschließen, der das Ziel hat, die Maschinen bei Bedarf in den Grenzgebieten beider MTS-Bereiche auszutauschen. So werden nicht nur beträchtliche Treibstoffmengen, sondern auch wertvolle Arbeitsstunden eingespart.«
Bundesarchiv Bild 183-18956-0001 Schmiljun

Jens Schöne, geb. 1970, ist Historiker und Stellvertreter des Beauftragten zur Aufarbeitung der SED-Diktatur im Land Berlin. Zu seinen Themenschwerpunkten gehören die Geschichte der DDR und die des ländlichen Raums.

Gedruckt im Auftrag der Landeszentrale für politische Bildung Mecklenburg-Vorpommern mit freundlicher Genehmigung der Landeszentrale für politische Bildung Thüringen.

Diese Veröffentlichung stellt keine Meinungsäußerung der Landeszentrale für politische Bildung Thüringen dar. Für inhaltliche Aussagen trägt der Autor die Verantwortung.

Landeszentrale für politische Bildung Thüringen
Regierungsstraße 73, 99084 Erfurt
www.lztthueringen.de
2023

ISBN: 978-3-948643-89-8

Inhalt

Einführung. Interpretationen und Fehlstellen — 5

Vorgeschichte. Bodenreform und Kollektivierung — 9

Jenseits der Städte. Der Aufstand beginnt — 13

Schlussbemerkungen. Stadt und Land — 25

Literatur und Quellen — 28

Einführung. Interpretationen und Fehlstellen

Folgt man den gängigen Interpretationen, so begann der DDR-Volksaufstand vom Juni 1953 am 16. Tag jenes Monats. Arbeiter der Berliner Stalinallee hatten zuvor, am 13. Juni, einen Streikbeschluss gefasst und begehrten nun tatsächlich auf. Ein Demonstrationszug formierte sich, die Beteiligten artikulierten weitreichende Forderungen und riefen schließlich zum Generalstreik für den 17. Juni auf. Nachrichten über diese Vorgänge verbreiteten sich in der DDR; daher kam es am folgenden Tag nicht nur in Berlin, sondern in mehreren Hundert Orten landesweit zu unterschiedlichsten Formen des Widerstandes.

Schon unmittelbar nach den historischen Ereignissen galt diese Abfolge als gesichert: in der DDR, weil das Aufbegehren so auf ein Minimum reduziert werden konnte, in West-Berlin und der Bundesrepublik, weil man dort kaum mehr vom Aufstandsgeschehen wahrnahm. Während in den Folgejahren auf der einen Seite ein Mantel des Schweigens über den Aufstand ausgebreitet oder dieser als »konterrevolutionärer Putsch« diffamiert wurde, passte die vorschnelle Deutung auf der anderen Seite gut in die politischen, gesellschaftlichen und nicht zuletzt geschichtswissenschaftlichen Vorüberzeugungen.

Szenenwechsel. Der 13. Juni 1953 war ein warmer, trockener Tag, Körner ein kleines Dorf im heutigen Thüringen. Planmäßig fand dort eine Einwohnerversammlung statt, die Vorbereitung der Ernte und die Erfüllung der Pläne standen auf der Tagesordnung. Dann aber wurde es höchst turbulent. Kaum hatte der Bürgermeister seine Ansprache begonnen, so notierte die Staatssicherheit später, wurde er unterbrochen: »Raus mit dem Verbrecher, der ist an allem schuld«, schleuderte ihm ein Anwesender entgegen. Dafür erhielt er »rasenden Beifall« von der Dorfgemeinschaft und alsbald schrien alle: »Raus mit dem Bürgermeister.« Schließlich erhob sich ein Mechaniker und demonstrierte, wie verhasst der lokale Vertreter der Macht tatsächlich war: »Ich habe nur einen Kopf zu verlieren, und diesen Kopf riskiere ich jetzt und schlage den Bürgermeister tot.« Nur ein zufällig anwesender Ordnungshüter verhinderte, dass dem Ansinnen Taten folgten. Als schließlich das Licht im Saal fast vollständig ausging, war das Chaos perfekt. Erst die anrückende Polizei machte den Auseinandersetzungen ein Ende und nahm fünf »Rädelsführer« fest. Trotzdem beschlossen die Gemeindevertreter noch am selben Tag, ein Verfahren zur Absetzung des Bürgermeisters einzuleiten. Allein die Fraktion der Sozialistischen Einheitspartei Deutschlands (SED) widersetzte sich diesem Ansinnen, alle anderen stimmten zu. Das war eine hoch politische Entscheidung, die sich frontal gegen das herrschende Regime richtete.

Körner ist kein Einzelfall, ganz im Gegenteil. An jenem 13. Juni 1953 rumorte es bereits in vielen anderen kleinen Orten der DDR, letztlich sollten mehr als 40 Prozent aller am Volksaufstand beteiligten Gemeinden Dörfer mit weniger als 2.000 Einwohnern sein. Deutlich früher als in den Städten eskalierten die Proteste. Fahnen wurden öffentlich verbrannt, Bürgermeister verprügelt und neue Gemeindevertretungen gewählt. Besonders verhasste Funktionäre mussten in Jauchegruben springen oder unter dem Hohngelächter der Dorfbevölkerung Stalinbilder die Straßen entlang tragen. Und die bäuerlichen Proteste blieben keineswegs auf die Heimatdörfer beschränkt. So kam es beispielsweise in Mühlhausen – ausgerechnet in jener Stadt, die die SED als Hort der Bauernbefreiung durch Thomas Müntzer feierte – zu einem Sternmarsch aus den umliegenden Dörfern, der den örtlichen Funktionären die pure Panik in die Knochen trieb. Selbst in Berlin befanden sich am 17. Juni Bauern unter den Demonstranten, die aktiv ins Geschehen eingriffen. Überall in den Dörfern fanden

Siegesfeiern statt. Dabei wurde im ganzen Land auf drei bevorstehende Ereignisse getrunken: das Ende des SED-Regimes, die bevorstehende Wiedervereinigung der beiden deutschen Staaten und eine gesamtdeutsche Regierung unter Konrad Adenauer.

Es gibt überzeugende Gründe dafür, warum der Protest in den Dörfern begann – und eben nicht in Ost-Berlin. Es lässt sich zudem auch rekonstruieren, warum er dort bereits an jenem 13. Juni losbrach und warum der Protest so schnell in Vergessenheit geriet, ja geraten sollte. Der Schlüssel für viele dieser bis heute offenen Fragen findet sich, wie so oft, in der unmittelbaren Vergangenheit. Seit der faktischen Machtübernahme der Kommunistischen Partei Deutschlands (KPD) im Jahr 1945 hatte diese eine Politik verfolgt, die sich gleich mehrfach höchst radikal gegen die ländlichen Wirtschafts- und Sozialstrukturen, gegen dortige Überzeugungen und Traditionen richtete. Kaum ein anderer gesellschaftlicher Bereich stand unter einem derart großen Veränderungsdruck wie die kleinen Landgemeinden und ihre Bevölkerung, und den damit verbundenen Herrschaftsanspruch setzten die städtisch geprägten Kommunisten mit eben so viel Unkenntnis wie Härte um. Insofern müssen im Folgenden zunächst diese Politik, ihre Hintergründe und Auswirkungen skizziert werden, um anschließend den Aufstand selbst, seinen Verlauf und die Folgen darstellen und erklären zu können. »Die Regierung ist kopflos und schwimmt völlig. Die Maßnahmen, die sie beschließt, sind nicht so wichtig«, befand ein Bauer in Groß Germersleben (Bezirk Magdeburg) am 13. Juni 1953. Damit gab er die allgemeine Stimmung gut wieder, und das Aufbegehren begann in den Dörfern der DDR.

Bundesarchiv, Bild 183-16892-0005 Illner

Oktober 1952, Propaganda auf dem Land. Die SED ließ zu diesem Bild schreiben: »Monat der deutsch-sowjetischen Freundschaft. Produktionsgenossenschaft ›7. Oktober‹ ruft zum Wettbewerb auf. Die Produktionsgenossenschaft ›7. Oktober‹ in Schenkenberg, Kreis. Delitzsch, Bezirk Leipzig bat alle landwirtschaftlichen Produktionsgenossenschaften zu Ehren des Monats der deutsch-sowjetischen Freundschaft zum Wettbewerb aufgerufen. Ziele des Wettbewerbs sind: Gründung einer Betriebsgruppe der Gesellschaft für deutsch-sowjetische Freundschaft und Mitgliederwerbung unter den Genossenschaftsbauern. Höhepunkt und Abschluss des Wettbewerbs soll eine Kulturveranstaltung zum 75. Geburtstag Stalins bilden, die Industriearbeiter und Genossenschaftsbauern vereinen wird.«

Vorgeschichte. Bodenreform und Kollektivierung

Die ostdeutschen Kommunisten hatten eine klare Vorstellung davon, wie es in den Dörfern ihres Machtbereiches zuging. Diese Vorstellung hatte zwar nur wenig mit den Realitäten zu tun, fiel dafür aber um so drastischer aus. Edwin Hoernle, einer von nur wenigen Agrarfachleuten unter den Spitzenfunktionären, brachte diese Gedankenwelt im November 1950 auf den Punkt: »Das deutsche Dorf war bisher ein Sumpf lokaler Borniertheit, partikularistischer Eigenbrötelei, föderaler Spaltungstendenzen. Der bisherige Dörfler schwankte ständig zwischen vollkommener politischer Stumpfheit und Uninteressiertheit einerseits, chauvinistisch-nationaler Überheblichkeit andererseits. Separatisten, Amerikaagenten, Kriegsbrandstifter, Hetzer gegen die Sowjetunion und gegen die volksdemokratischen Völker«, so Hoernle, »treiben mit Vorliebe im Dorf ihr schwarzes Handwerk.«

Die Folgen eines solchen Befundes waren für die neuen Machthaber zwangsläufig: Die Dörfer und ihre Bevölkerung müssten grundlegend umgestaltet, alles Überlieferte beseitigt und durch neue Personen, Strukturen, Ideen ersetzt werden. Da schon die »Klassiker« des Marxismus-Leninismus ein solches Agieren festgeschrieben hatten, folgten die neuen Machthaber dieser Linie ab 1945 konsequent. Der erste Schritt dabei war die Bodenreform. Durch sie wurden alle landwirtschaftlichen Betriebe mit mehr als 100 Hektar Nutzfläche (sowie Kriegsverbrecher und »Naziaktivisten«) entschädigungslos enteignet, ihre Inhaberinnen und Inhaber umgesiedelt und das Land zumindest in Teilen an Flüchtlinge und Vertriebene, an Landarme oder Landlose verteilt. Unter den verheerenden

Bedingungen der Nachkriegszeit konnte dies Leben retten und war daher durchaus auch willkommen. Das eigentliche Ziel der Bodenreform aber war ein anderes: Mit den sogenannten »Junkern« sollte die traditionelle Führungsschicht aus den Dörfern entfernt und mit den Landempfängern eine neue Schicht installiert werden, die treu zur kommunistischen Bewegung stand. Dies gelang jedoch nur sehr bedingt: Die meisten Neubauernbetriebe blieben wirtschaftlich schwach, viele wurden aufgegeben, die Produktion brach zwischenzeitlich stark ein und die kommunistische Bewegung vermochte es nicht, sich im ländlichen Raum zu verankern.

Daher inszenierte die SED-Führung mit tatkräftiger Unterstützung der sowjetischen Besatzungsmacht spätestens ab 1948 einen von ihr selbst so benannten »Klassenkampf« in den Dörfern, der sich vorläufig vor allem gegen die großen, wirtschaftlich starken Betriebe richtete. Deren Eigentümer wurden nun als Klassenfeinde diffamiert, in ökonomische Zwangslagen getrieben und mit Schauprozessen überzogen. Immer mehr Betroffene flohen in die Bundesrepublik, mehrere Tausend Betriebe lagen alsbald brach. Zudem attackierte die SED traditionelle Strukturen und Institutionen in den kleinen Gemeinden. Die herkömmlichen Raiffeisengenossenschaften waren davon ebenso betroffen wie das gesamte ländliche Handels-, Verarbeitungs- und Kreditwesen. Sie hörten am Beginn der 1950er-Jahre praktisch auf zu existieren und wurden durch neue, staatlich kontrollierte Institutionen ersetzt. All dies erfolgte im Namen einer lichten, strahlenden Zukunft unter kommunistischer Vorherrschaft – die Realität freilich sah viel trister aus. Die radikale Agrarpolitik, die daraus folgende Not vieler Neubauern, die zunehmende Landflucht der Großbauern, die schlechten Produktionsergebnisse und die daraus resultierende schlechte Versorgungslage im ganzen Land hatten die DDR in eine Sackgasse geführt. Wenn die SED ihre Herrschaft sichern wollte, musste sie endlich Landwirtschaft und Dorfbewohner in den Griff bekommen.

Die Gelegenheit dazu bot sich im Frühjahr 1952: Aus Moskau kam die Anweisung, in der DDR zeitnah den Sozialismus aufzubauen. Darauf hatten die ostdeutschen Statthalter schon lange gewartet, nun fielen alle Schranken. Für die Landwirtschaft bedeutete das vor allem, dass zur kollektiven Produktion übergegangen werden sollte. Das hieß nicht weniger, als dass jetzt alle Privatbetriebe beseitigt bzw. in die zu gründenden Landwirtschaftlichen Produktionsgenossenschaften (LPG) überführt werden mussten. Ging es bisher immer um den Kampf gegen einzelne Bevölkerungsgruppen, so war das Ziel nun der komplette Umbau des ländlichen Wirtschafts- und Sozialgefüges. Mit großem Eifer ging die SED diesen Prozess an – und merkte sehr schnell, dass es dafür keine Mehrheit in den Dörfern gab. Im Gegenteil: Trotz umfangreicher Versprechungen, trotz massiver Hilfestellungen und trotz eines schrillen Propagandafeuerwerks verweigerte sich die überwiegende Mehrheit der Produzenten dem Kollektivierungsprozess.

Also verschärften die Machthaber den »Klassenkampf« mit aller Härte. Was jetzt allein zählte, war das bereits von Marx, Engels und Lenin vorgegebene Ziel – und das lautete möglichst umfassende Kollektivierung. Die Partei tat nun alles, um dieses Ziel zu erreichen. LPG-Vorsitzende wurden planmäßig mit Pistolen ausgestattet, Gegner der Kollektivierung inhaftiert, Schauprozesse in den Dörfern abgehalten, Ablieferungspflichten willkürlich erhöht und immer mehr private Betriebsinhaber enteignet. Allein auf Grundlage einer einzigen, im Februar 1953 verabschiedeten Verordnung wurden innerhalb von fünf Wochen mehr als 6.500 Bauern von ihren Höfen vertrieben. Prozesse gegen die Großbauern durften nicht mehr mit Freisprüchen enden, und auch kleinere Hofbesitzer bekamen immer mehr die Schärfe der Auseinandersetzung zu spüren.

Das Vorgehen gegen die Landbevölkerung wurde immer kompromissloser. Und es war ein Vorgehen gegen die überwiegende Mehrheit dieses Bevölkerungsteils. Denn trotz aller Bemühungen waren bis Ende 1952 lediglich 39.000 Personen einer LPG beigetreten; das entsprach 2,5 Prozent der insgesamt 1,6 Millionen Beschäftigten in der Land- und Forstwirtschaft. Das harte Agieren der SED musste zwangsläufig zu negativen Folgen führen, die sich vor allem in der rasant steigenden Zahl der so genannten »Republikflüchtlinge« ausdrückte. Hatten im ersten Quartal 1952 – also unmittelbar vor dem Beginn der Kollektivierung – 455 Bauern mit ihren Familien die DDR in Richtung Westen verlassen, so waren es im gleichen Zeitraum des Folgejahres bereits mehr als 5.600. Das entsprach einer Steigerung von mehr als 1.000 Prozent. Und proportional dazu erhöhte sich der Umfang der brachliegenden Flächen ebenso wie die landwirtschaftlichen Erträge sanken. Die Versorgungslage wurde landesweit immer schlechter, die gesellschaftlichen Spannungen wurden harscher.

Dann, Anfang März 1953, starb in der fernen Sowjetunion der wichtigste Protagonist der Klassenkampfpolitik, Josef Wissarionowitsch Stalin, und die neue politische Führung in Moskau begann, der Realität ins Auge zu schauen. Was sie dabei erblickte, war immerhin so erschreckend, dass sie bereits im Mai das Ende der Kollektivierung in der DDR forderte. Doch das bisher Unvorstellbare geschah: Die ostdeutschen Kommunisten widersetzten sich und gingen den eingeschlagenen Weg weiter. Daraufhin wurde die SED-Spitze Anfang Juni nach Moskau einbestellt und dort ultimativ zu einer gemäßigteren Politik aufgefordert. Dazu gehörte auch, dass die Kollektivierung sofort abgebrochen und erzwungene Kollektivwirtschaften aufgelöst werden sollten. Diese Forderungen fanden sich in jenem Papier wieder, das ab dem 10. Juni 1953 in der DDR-Presse veröffentlicht wurde und als »Neuer Kurs« in die Geschichte eingehen sollte. Hierin gab die politische Führung des Landes, die von sich selbst behauptete, immer Recht zu haben, erstmals und öffentlich Fehler zu. Die Bevölkerung, die seit einem Jahr den verschärften Klassenkampf am eigenen Leibe verspürt hatte, forderte Konsequenzen. Die SED-Spitze jedoch verweigerte sich. Das brachte die Wut zum Überlaufen. Der Volksaufstand vom Juni 1953 war die Folge.

Jenseits der Städte. Der Aufstand beginnt

Der »Neue Kurs« war vor allem gegenüber der Landbevölkerung eine totale politische Bankrotterklärung. Nahezu alle Maßnahmen der letzten Monate wurden zurückgenommen, Enteignungen sollten rückgängig gemacht und Inhaftierte freigelassen werden. Doch die Dorfbewohner misstrauten den Verlautbarungen der SED-Führung, und sie hatten nach den gemachten Erfahrungen gute Gründe dafür. Als aber der Ministerrat der DDR drei Tage später mit gleichlautenden Erklärungen nachzog, brach der Sturm los. Jene Spannung, die sich in den vergangenen Jahren aufgebaut hatte, entlud sich nun geradezu explosionsartig. Ab dem 12. Juni 1953 informierten immer mehr lokale Funktionäre ihre übergeordneten Organe darüber, dass es auf dem Land rumoren würde. Noch wurde kaum demonstriert, doch das aktive Aufbegehren kündigte sich wahrnehmbar an. Ein zusammenfassender Bericht stellte dies noch am gleichen Tage fest. In Ost-Berlin hieß es: »Das Kommuniqué des Politbüros wurde von den Großbauern in allen Bezirken mit offener Schadenfreude aufgenommen. Sie führten wüste Saufgelage durch, schüchterten teilweise die Genossenschaftsbauern ein und versuchten Verwirrung zu stiften.«

Gegen die LPG würde »gehetzt«, ihre Leitungskader »terrorisiert«, und es hätte in einigen Genossenschaften bereits die Androhung von Streiks gegeben. Ebenfalls am 12. Juni brachte ein Bauer in der Nähe von Leipzig die Empfindungen seines Berufsstandes auf den Punkt und formulierte zugleich eine Handlungsoption, die in den kommenden Tagen ganz praktische Bedeutung erlangen sollte. Er äußerte öffentlich, dass »es nun die Großbauern geschafft hätten und jetzt frei wären. Bisher wäre er nur geknechtet worden und hätte wie ein Sklave gelebt, was nun aber vorbei ist, denn die sind klein geworden.

Weiterhin sprach er vom Zusammenhalt der Großbauern und dass diese ihre Berufskollegen aus den Gefängnissen herausholen müßten, wenn keine Entlassung erfolgen sollte. Überdies würden alle kleinen Bürgermeister wegkommen, wobei [er] selbige als Schweine bezeichnete.«

Es blieb nicht bei Wortmeldungen, die sich gegen die SED und ihren Klassenkampf richteten; die Landbevölkerung wurde zunehmend aktiv. Im Fokus standen dabei zunächst die LPG. Das lag nahe, denn sie waren künstlich geschaffene Objekte innerhalb der Dörfer, von der SED installiert und nach dem politischen Kurswechsel ohne klare Zukunftsperspektive. Am 13. Juni wurden aus zahlreichen Regionen des Landes Arbeitsniederlegungen gemeldet, eine Austrittswelle der Mitglieder erschütterte die Produktionsgenossenschaften, erste LPG lösten sich auf. Dass enteignete Privatbetriebe zurückgegeben und inhaftierte Bauern aus den Gefängnissen entlassen werden sollten, veränderte die Kräfteverhältnisse in den Gemeinden fundamental. Die traditionelle Dorfgemeinschaft hatte in der Regel wenig Interesse daran, die von außen hereingetragenen Auseinandersetzungen weiter zu führen oder gar zu verschärfen. Also richteten sich Wut und Energie gegen jene, die die Konflikte provoziert hatten: die SED und ihre Repräsentanten vor Ort. Die Berliner Bauarbeiter befanden sich noch auf einer Dampferfahrt und beschlossen dort Streikmaßnahmen für die Zukunft, als der Aufstand in den Dörfern an Fahrt gewann.

So erschien im Landwirtschaftsministerium der DDR-Hauptstadt ein LPG-Vorsitzender aus dem bereits erwähnten Groß Germersleben (Bezirk Magdeburg), berichtete über Streiks in seiner Gemeinde, über Austritte von LPG-Mitgliedern und beschwerte sich darüber, dass ihn alle Einwohner meiden würden. Andernorts ging es, wie eingangs bereits für das Thüringische Körner beschrieben, deutlich turbulenter und sehr viel politischer zu. Als sich in Schmergow (Bezirk Potsdam) an jenem Tag die Gemeindevertreter versammelten, kamen zeitgleich im Gasthaus andere Dorfbewohner zusammen. Sie verfassten ein Schriftstück, in dem sie den Rücktritt der Regierung forderten, und nötigten die Gemeindevertreter schließlich, selbiges zu unterschreiben. Noch weiter gingen die Einwohner von Eckolstädt (Bezirk Erfurt). Dort traf sich in den Abendstunden mehr als die Hälfte der Dorfbewohner. Im Laufe des Tages hatten sie vier aus der Haft entlassene Bauern am Ortseingang empfangen – mit Blumen, Glockengeläut und Kinderchor. Das stärkte das Selbstbewusstsein und so verabschiedeten sie nun eine Resolution mit grundsätzlichen Forderungen: Amtsenthebung sämtlicher für die gegenwärtige Misere Zuständigen, Installierung einer demokratischen Gemeindevertretung, Einsetzung eines neuen Bürgermeisters und die Neuwahl aller politischen Körperschaften der DDR. Das war nicht weniger als ein Generalangriff auf das SED-Regime, denn neue, freie Wahlen hätte dieses nicht überstanden. Zwei Tage später lieferte eine Delegation des Dorfes den Forderungskatalog im Ost-Berliner Landwirtschaftsministerium ab und dokumentierte ihr Anliegen damit direkt gegenüber den Machthabern. Auch zu diesem Zeitpunkt herrschte in den Städten der DDR noch gespenstische Ruhe.

Partei- und Staatsführung hingegen waren sich des in den Dörfern aufkeimenden Aufstandes sehr wohl bewusst. Noch am 13. Juni erging aus Berlin die Direktive, dass die regionalen Parteigliederungen genaue Analysen über die Lage auf dem Lande zu erstellen hätten und dabei insbesondere die Vorgänge in den LPG berücksichtigen sollten. Auch die sowjetischen Vertreter in der DDR wurden umgehend über die sich zuspitzende Situation unterrichtet; sie berichteten ihrerseits nach Moskau. Doch das half vorerst wenig. Denn wie in den Städten, so waren auch die Funktionäre in den Dörfern völlig überfordert. Der plötzliche Kurswechsel hatte sie ohne Vorankündigung überrascht. Bisher waren sie es gewohnt, jeweils genaue Anweisungen von übergeordneten Stellen zu erhalten, doch ausgerechnet jetzt schwiegen diese. Die Herrschaft in den Dörfern war gelähmt.

Das Ausmaß widerständigen Verhaltens hingegen wurde bis zum 17. Juni beständig größer und erfasste verschiedenste Bereiche. Privatbauern und Produktionsgenossenschaften verweigerten die Ablieferung landwirtschaftlicher Produkte. Es kam zu Arbeitsniederlegungen. Immer mehr LPG lösten sich auf. Für aus der Haft entlassene Bauern wurden Freudenfeste organisiert. Dorfbewohner forderten die Rückgabe zuvor enteigneter Flächen und beschlagnahmten Eigentums. Großbauern gaben ihren Landarbeitern einen Tag bezahlt frei, damit diese das Scheitern der SED angemessen würdigen konnten. Bürgermeister und LPG-Vorsitzende wurden verprügelt, ihre Amtsstuben besetzt und verwüstet. Die Sicherheitsorgane verzeichneten eine starke Zunahme von »Hetzparolen«, und es machten Gerüchte die Runde, die die Stabilität der SED-Diktatur grundsätzlich in Frage stellten: Präsident Wilhelm Pieck sei in die Schweiz geflohen, Generalsekretär Walter Ulbricht schwer verletzt, erschossen, nach Moskau deportiert oder auf dem Rückweg von dort in Polen gekidnappt worden. Aus dem vereinzelten Aufbegehren war längst ein Flächenbrand entstanden.

Dann kam der 17. Juni und mit ihm die Nachricht von den Protesten in den Städten. Sie wirkten wie ein Katalysator, jetzt brachen die letzten Dämme. Jene Entwicklungen, die sich in den Vortagen gezeigt hatten, erfuhren noch einmal eine drastische Zuspitzung. Die Zahl der Siegesfeiern potenzierte sich abermals. Es wurde vielfach auf die Wiedervereinigung der beiden deutschen Staaten und eine bevorstehende gesamtdeutsche Kanzlerschaft Konrad Adenauers getrunken. Viele LPG-Mitglieder blieben zu Hause, weil sie vom bevorstehenden Ende des politischen Systems überzeugt waren, das zugleich auch das Ende der Genossenschaften bedeutet hätte. Streiks hingegen blieben eher selten. Es gab in den Dörfern schlicht keine Tradition für derartiges Aufbegehren, zudem entsprach es dem Selbstverständnis der Landwirte, die Produktionsabläufe aufrecht zu erhalten. Arbeiter konnten ihre Werkbank verlassen und nach mehreren Tagen zurückkehren, um ihre Tätigkeit fortzuführen. Landwirten war das nicht ohne weiteres möglich, denn die Tiere mussten täglich versorgt und die Felder fortlaufend betreut werden. Daher erfolgte der Protest in den Dörfern oftmals viel unmittelbarer, direkter, archaischer. Nicht langfristig angelegte Massenproteste, sondern individuelles Handeln bestimmte den Widerstand in den ländlichen Regionen.

Da es nur selten repräsentative Gebäude von Partei oder Staatsmacht gab, waren es wiederum deren lokale Vertreter, die zum Ziel der Aufständischen wurden. So versammelte sich am Abend in Niederndodeleben (Bezirk Magdeburg) eine aufgebrachte Menge und zwang »alle LPG-Bauern und andere bekannte Funktionäre« von Gebäuden des Ortes sozialistische Propagandalosungen abzuwaschen. Dazu war jeweils eine Leiter nötig, die einem besonders unbeliebten Funktionär schließlich weggezogen wurde, so dass er zu Boden stürzte. Diese öffentliche Erniedrigung erfolgte gezielt und war eine Reaktion auf den harten Klassenkampf der Vormonate. Zugleich dokumentierte das Entfernen der Losungen ein weiteres, in der gesamten DDR zu beobachtendes Phänomen: Die Dorfbewohner eroberten sich ihren öffentlichen Raum zurück. Und so zog die Menge weiter zur nahe gelegenen Maschinen-Traktoren-Station (MTS). Deren Tore waren verschlossen, also forderten die Protestierenden, unter ihnen auffallend viele Frauen, lautstark, »dass die Losungen wegmüssen, die Bilder herausgegeben werden sollen (von Funktionären der Regierung).« Zudem wurde verlangt, »dass das jetzige System verschwindet«. Schließlich kletterten Einzelne über das Tor und warfen unter lautem Johlen der Aufständischen Bücher und Bilder aus dem Fenster auf die Straße. Ähnliches ereignete sich in Pömmelte (Bezirk Magdeburg). Auch hier wurden LPG-Bauern und Funktionäre angegriffen, mit dem Aufhängen bedroht, Losungen entfernt und Spruchbänder im Dorfteich versenkt. Am nächsten Morgen fanden sich an mehreren Stellen im Dorf mit Teer geschriebene Aufrufe, die sich gegen die SED richteten.

Diese zentralen Elemente des Aufstandes in den Dörfern, das Attackieren der Funktionsträger, deren Erniedrigung, die Rückeroberung des öffentlichen Raums, die Forderung nach dem Ende der SED-Diktatur, lassen sich in allen Regionen der DDR nachweisen. Einige Fälle waren dabei besonders drastisch. In Milzau (Bezirk Halle) griffen die Dorfbewohner zunächst den örtlichen SED-Sekretär an und zwangen ihn, an der Spitze des Protestzuges zu marschieren. Weitere Funktionäre hatten sich in einem Waisenheim verschanzt und wurden aufgefordert, auf die Straße zu kommen. Als sie das verweigerten, stürmten die Aufständischen das Gebäude, eine heftige Prügelei war die Folge. Schließlich musste der Bürgermeister, umringt von Dorfbewohnern, in eine Mistgrube springen.

Noch weiter gingen die Einwohner von Zodel (Bezirk Dresden). Dort fand ebenfalls eine Demonstration statt, die aber von Anfang an auch darauf abzielte, einen neuen Gemeinderat einzusetzen. Der kommunistische Bürgermeister wurde gezwungen, voran zu laufen, beim Marsch durch das Dorf kamen immer mehr Funktionäre hinzu, die zeitweise mit Fahnen zusammengebunden wurden. Der Vorsitzende der Gesellschaft für Deutsch-Sowjetische Freundschaft hatte zudem ein Stalinbild vor sich herzutragen. Die öffentliche Erniedrigung gipfelte darin, dass der Ortsvorsteher auf einen Tisch klettern musste und sein Handeln der vergangenen Monate vor der Dorfgemeinschaft rechtfertigen sollte. Als er sich weigerte und auf die Verhängung des Ausnahmezustandes verwies, zogen ihm erboste Einwohner den Tisch unter den Füßen weg. Der Bürgermeister fiel in den Staub und verletzte sich. Wenig später wurde er für abgesetzt erklärt. Eine neue Gemeindevertretung konstituierte sich und wählte einen neuen Gemeindevorsteher. So eindrucksvoll die geschilderten Beispiele sind, waren sie doch nur die Spitze des Eisbergs. Überall rumorte es. Bis zum 21. Juni kam es in mindestens 302 Dörfern zu Widerstandshandlungen unterschiedlicher Art. Es ist davon auszugehen, dass die tatsächliche Zahl höher liegt, denn bis heute warten die Vorgänge in den ländlichen Gebieten auf eine systematische Auswertung. Reaktionen auf das scheinbare Zusammenbrechen der bestehenden Ordnung gab es viele. »Erpresserische Forderungen« gegenüber der Staatsmacht häuften sich und reichten von der Ermäßigung der Ablieferungspflicht über den Anspruch auf bevorzugte Belieferung der jeweiligen Gemeinde bis hin zur Abschaffung der verhassten Politabteilungen in den MTS. Neben Arbeitsniederlegungen, Angriffen auf Personen und Austritten aus den Produktionsgenossenschaften richtete sich der Unmut auch gegen Sachwerte. Telefonleitungen wurden gekappt, um die dörfliche Autonomie zu sichern. Landwirte versuchten, ihr Vieh aus den LPG-Ställen zu holen. Felder wurden verwüstet. Die Zahl der Brände nahm zu. Unspektakulär und zugleich sehr repräsentativ war eine Meldung von der Insel Rügen. Auf dem Gelände der Produktionsgenossenschaft in Vieregge (Bezirk Rostock) hatten Unbekannte in der Nacht zum 18. Juni alle Wasserhähne aufgedreht und zugleich die Pumpen abgestellt. Der Kreisverwaltung blieb nichts anderes übrig, als in die Bezirksstadt zu melden: »Die LPG steht unter Wasser«. Metaphorisch galt das in den Tagen um den 17. Juni für fast die gesamte sozialistische Landwirtschaft der DDR.

Aber es gab auch gegenläufige Tendenzen. In ungezählten Dörfern fanden sich Einwohner, die sich trotz aller Defizite zur Politik der SED bekannten. Die Motive dafür variierten. Die grundsätzliche Überzeugung von einer sozialistischen Zukunft konnte ein Beweggrund sein. Zudem hatte die Einheitspartei angepassten Mitgliedern Karrieren ermöglicht, die bei einem Abweichen von der offiziellen Linie zwangsläufig in Gefahr gerieten. Die massive Verdrängung eigensinniger Landwirte während der Vormonate hatte anderen Dorfbewohnern materielle Vorteile verschafft, die nun in Gefahr zu sein schienen. Ökonomisch machten die LPG Sinn für all jene, die auf andere Weise in der herrschenden Mangelwirtschaft kaum angemessen zu überleben vermochten. Und so verzeichneten die Sicherheitsorgane wiederholt Fälle, in denen sich Beschäftigte der Betriebe zusammenschlossen, um ihre Institution gegen den anstürmenden Protest zu verteidigen. In Produktionsgenossenschaften bildeten sich »Selbstschutz-Brigaden«, in Maschinen-Traktoren-Stationen, deren Mitarbeiter offiziell nicht als Landwirte galten, »Arbeiterwehren«. Quantitativ waren das eher Randerscheinungen, doch sie gehören ebenfalls in die Geschichte des Volksaufstandes.

Die bisher geschilderten Widerstandshandlungen fanden in den Dörfern selbst statt und erreichten kaum überregionale Bedeutung. Das aber war nur eine Facette des ländlichen Aufbegehrens. Eine weitere hätte die Machthaber eigentlich erfreuen müssen, denn sie verwirklichte einen zentralen Anspruch der marxistisch-leninistischen Ideologie: das Bündnis zwischen Arbeiterklasse und Bauernschaft. Doch war dieses Bündnis in den vorliegenden Fällen eben nicht auf ein sozialistisches Utopia ausgerichtet, sondern direkt gegen den allumfassenden Machtanspruch der SED. Denn in vielen Fällen beteiligten sich Bauern an jenen Protestaktionen, die in den ländlichen Kleinstädten stattfanden und zumeist von Arbeitern ausgelöst wurden. So forderten die Demonstranten in Rathenow (Bezirk Potsdam) unmissverständlich: »Lasst unsere Bauern frei«. In das wenige Kilometer entfernte Premnitz marschierte ein Demonstrationszug aus dem benachbarten Dorf Milow, nachdem die Bewohner zuvor bereits die Haftentlassung des örtlichen Mühlenbesitzers erzwungen hatten. Ähnliches war aus zahlreichen weiteren Orten zu vernehmen, deren Zahl letztlich nicht genau zu bestimmen ist. Doch wie die Machthaber im Nachgang feststellten, handelte es sich dabei durchaus um eine relevante Größe. Im ganzen Land, allerdings mit deutlichem Nord-Süd-Gefälle, wurden derartige Vorkommnisse registriert, so unter anderem in Altenburg, Apolda, Bad Düben, Belzig, Delitzsch, Eilenburg, Friesack, Grabow, Gotha, Lübben und Niemegk.

Einen Sonderfall stellten jene Demonstrationen dar, die von Landwirten selbst organisiert wurden, aber in den nahegelegenen Städten stattfanden. Der Auslöser für derartige Aktivitäten war fast überall gleich: Die Bauern wollten öffentlichkeitswirksam Forderungen stellen, die sich unmittelbar auf die ländliche Lebenswelt bezogen, insbesondere ging es dabei auch um die Freilassung inhaftierter Berufskollegen. Insofern lag es nah, in die nächste (Kreis-) Stadt zu ziehen, denn dort befanden sich in den meisten Fällen sowohl die Verwaltungen als auch die Haftanstalten. In Jessen (Bezirk Cottbus) versammelten sich zunächst 150 Bauern auf dem Marktplatz. Schnell schwoll die Menge auf mehr als 1000 Personen aus sämtlichen Bevölkerungsschichten an, alsbald ging es um Grundsätzliches. Der Rücktritt der Regierung gehörte nun ebenso zu den erhobenen Forderungen wie freie und geheime Wahlen und die Absetzung der Kreisverwaltung. Schließlich erzwangen die Demonstranten die Freilassung von 23 Inhaftierten aus dem Gefängnis im benachbarten Herzberg.

Ähnliche Szenen spielten sich in Mühlhausen (Bezirk Erfurt) ab. Hier fanden sich Bauern aus den umliegenden Dörfern nach einem Sternmarsch auf die Kreisstadt zusammen. Das hatte insofern einen pikanten Beigeschmack, als Mühlhausen zuvor von der SED propagandistisch zur »Thomas-Müntzer-Stadt«, zur »Stadt des Bauernkrieges« stilisiert worden war. Nun erhoben sich die Bauern abermals und trieben den Funktionären die Angst in die Knochen. Auch in Mühlhausen erhöhte sich die Zahl der Aufständischen schnell: von zunächst 300 auf letztlich 3000. Sie verabschiedeten auf dem Untermarkt einen 11-Punkte-Plan, der die üblichen Forderungen enthielt. »Einige Bauern erklärten, daß sie sich mit den Streikenden in Berlin solidarisch erklären und endlich freie Bauern sein wollen.« Als ein SED-Kader versuchte, zu den Aufständischen zu sprechen, wurde er gewaltsam daran gehindert. Später gelang es auch hier, Inhaftierte freizubekommen.

Ähnliche Vorgänge spielten sich in weiteren Städten, etwa in Sömmerda (Bezirk Erfurt) und Wusterhausen (Bezirk Potsdam), ab. Überall zeigten sich die Machthaber vollkommen überrascht, dass es ausgerechnet Bauern waren, die in den Städten zu Auslösern von Massenprotesten wurden. So hielt die SED-Bezirksleitung Cottbus später fest: »In all den angeführten Beispielen gelang es der Partei in keinem Fall, entsprechende Gegenaktionen zu organisieren und die feindlichen Absichten zu verhindern. Erwiesenermaßen hat sich an diesen Aktionen eine Reihe von Parteimitgliedern beteiligt und andere sind feige vor dem Klassengegner zurückgewichen«. Verheerender konnte das Urteil über das eigene Handeln kaum ausfallen. Auch dieser Umstand sollte später dazu beitragen, dass das ländliche Aufbegehren allgemein beschwiegen wurde.

Trotz allen Engagements waren jene Proteste, die in den Dörfern stattfanden oder von dort ausgingen wie in den Städten, nur von kurzer Dauer. Das hatte einen einfachen Grund: Auch dort schlugen sowjetische Truppen und ostdeutsche Sicherheitskräfte mit aller Entschiedenheit zu. So wurde Eckolstädt von Panzern der Roten Armee umstellt, in Mühlhausen marschierten sowjetische Truppen ein. Über die meisten ländlichen Regionen wurde der Ausnahmezustand verhängt. In vielen Gemeinden erfolgten Verhaftungen. Der offene Aufstand fand so schnell ein Ende.

Doch im Gegensatz zu den städtischen Ballungszentren ging der Widerstand in subtileren Formen bis mindestens zum Ende des Jahres 1953 weiter. LPG-Vorsitzende und SED-Kader wurden weiterhin tätlich angegriffen, dorffremde Funktionäre von den Höfen geprügelt. Auf Bauernversammlungen wurden die Einführung der Marktwirtschaft und die Vereinigung der beiden deutschen Staaten verlangt. Die Landwirte nutzten die wirtschaftliche Entwicklung der Bundesrepublik kontinuierlich als Referenzmodell, um die Missstände in der DDR frontal anzuprangern. Mitunter waren Streiks zu verzeichnen. Die Ablieferung landwirtschaftlicher Produkte blieb im ganzen Jahr deutlich hinter den Planvorgaben zurück. Immer wieder registrierte die Polizei Straßensperren, die überlokale Eingriffe in die Dörfer erschwerten. Infolge des Volksaufstandes lösten sich mindestens 564 Produktionsgenossenschaften auf, mehr als 22 Prozent aller Mitglieder verließen die LPG. »Ruhe in den Städten, aber Gärung u. Feindhetze auf dem Lande«, hielt der prominente Romanist Victor Klemperer am 22. Juni 1953 in seinem Tagebuch fest. Das war ohne Zweifel eine zutreffende Beschreibung, und sie hielt noch lange an. Erst 1954 sollte es Partei und Staat gelingen, langsam wieder Herren über die Lage in den Dörfern zu werden.

Bundesarchiv, Bild 183-21987-0003 Krüger

Auf den Aufstand folgten Investitionen unter politischen Vorgaben: So erhielt die Maschinen-Traktoren-Station Groß-Hennersdorf 10.000 DM für den Bau eines neuen Hauses, in dem Küchen-, Wasch- und Duschräume, Schlafräume für Traktoristen, Umkleideräume, ein Speisesaal und ein Verkaufsraum für den Konsum untergebracht werden. Ziel war es auch, damit die Kollektivierung weiter voranzutreiben.

Schlussbemerkungen. Stadt und Land

Die Politik der SED vor dem Volksaufstand hatte die Dorfbewohnerinnen und Dorfbewohner weitaus härter getroffen als jede andere Bevölkerungsschicht der DDR. Denn im Gegensatz zu den Arbeitern in den Städten handelte es sich bei ihnen in vielen Fällen nicht um abhängige Lohnempfänger, sondern um freie Unternehmer, um Eigner ihrer Produktionsmittel: des Bodens, der Nutztiere, der Maschinen. Bei der Umgestaltung auf dem Lande, bei Bodenreform und Kollektivierung, ging es eben nicht »nur« um Normenerhöhungen oder Kürzungen von Sozialleistungen. Es ging um Überwältigung, um die vollständige Veränderung der Eigentumsverhältnisse und Produktionsstrukturen. Im Selbstverständnis der Betroffenen ging es damit schlicht um ihre eigene, unmittelbare Existenz. In den Dörfern existierten Beziehungen, die zum Teil über Jahrhunderte gewachsen waren, und daher identifizierten sich selbst jene, denen die Betriebe nicht gehörten, viel stärker mit ihrem Arbeitsplatz als dies in den urbanen Zentren in der Regel der Fall war. Traditionen, Konventionen und überlieferten Strukturen kam fundamentale Bedeutung zu. Sie wurden weitgehend akzeptiert und spielten eine wichtige Rolle für die Organisation des täglichen Lebens – mit allen positiven wie negativen Folgen.

Insofern kann es nicht verwundern, dass der Volksaufstand eben nicht in den großen Städten, sondern in den Dörfern der DDR begann. Viele der urbanen Probleme – der absolute Machtanspruch einer einzelnen Partei, der harte Klassenkampf, die schlechte Versorgungslage und etliche andere mehr – gab es auch in den kleinen Gemeinden. Dort aber reichten die Verwerfungen sehr viel weiter. Man misstraute der »Partei der Arbeiterklasse« gerade auf dem Lande zutiefst.

Darum brach das Aufbegehren auch nicht los, als die SED mit dem »Neuen Kurs« eine Bankrotterklärung abgab, sondern erst, nachdem sich am 12. Juni auch die Regierung öffentlich dazu bekannte. Bis auf wenige Ausnahmen herrschte zu diesem Zeitpunkt in den Städten noch weitgehend Ruhe, die Dörfer aber rebellierten nun. Dass dies von den Machthabern wahrgenommen wurde, hatte weitreichende Folgen. Denn der Aufstand erwischte sie keineswegs so unerwartet, wie es erscheint, wenn man nur Ost-Berlin im Blick hat. Seit dem 13. Juni gab es auf zentrale Anweisung ein ausgeprägtes Berichtswesen aus den Regionen, auch die sowjetischen Stellen waren informiert. Als in Moskau in der Nacht vom 16. auf den 17. Juni beschlossen wurde, einen möglichen Aufstand mit allen Mitteln niederzuschlagen, geschah dies auch vor dem Hintergrund dieses Wissens. Nur unter Berücksichtigung der ländlichen Regionen kann zudem eine oft gestellte Frage beantwortet werden: Wie kann es mit Blick auf die nur schwach ausgebildeten Kommunikationswege der frühen 1950er-Jahre sein, dass obwohl erst ab Mittag des 16. Juni zum Generalstreik aufgerufen wurde, schon am Morgen des folgenden Tages in nahezu allen Regionen des Landes der Aufstand begann? Die Antwort ist einfach: Der Aufstand war längst da.

Natürlich bleibt trotz des bisher Gesagten die herausragende Bedeutung Ost-Berlins für das Gesamtgeschehen – und mehr vielleicht noch für dessen nachträgliche Deutung – weiter festzuhalten. Hier saßen die Machthaber, hier kam es zu Massenprotesten, hier berichteten die demokratischen Medien West-Berlins. Daher war Ost-Berlin (wie auch einigen weiteren Großstädten der DDR, etwa Leipzig und Magdeburg) die Aufmerksamkeit von Anfang an sicher. Von hier gingen Signale aus, die wie ein Katalysator das Aufbegehren in den Regionen befeuerten. Daher aber verfestigte sich auch sehr schnell die Legende, es seien die Arbeiter der Stalinallee gewesen, die als erste zur Tat schritten. Ohne sie, das muss ausdrücklich festgestellt werden, wäre der begrenzte ländliche Widerstand nie zum Volksaufstand geworden. Das ändert aber nichts daran, dass er bereits in fast allen Regionen des Landes stattfand, als der 17. Juni heraufdämmerte. Dass dies sehr schnell vergessen wurde, hatte verschiedene Gründe: SED und Sowjets hatten ein vitales Interesse daran, das Aufbegehren möglichst klein erscheinen zu lassen. Die freie Presse des Westens nahm die Vorgänge in den Dörfern schlicht nicht wahr. Und die Dörfer selbst waren schon wegen der folgenden Repressionsmaßnahmen wenig daran interessiert, dass ihr Agieren im Nachhinein bekannt und benannt wurde. Getreu dem Motto, dass sich das Getreide im Wind biegt, um nicht zu brechen, breitete sich Schweigen über dem Erlebten aus. Es ist höchste Zeit, mehr über dieses bisher nahezu unbekannte Kapitel des Volksaufstandes vom Juni 1953 in der DDR zu sprechen.

Literatur und Quellen

Torsten Diedrich/Hans-Hermann Hertle (Hg.), Alarmstufe »Hornisse«. Die geheimen Chef-Berichte der Volkspolizei über den 17. Juni 1953, Berlin 2003

Ilko-Sascha Kowalczuk, 17.6.1953 – Volksaufstand in der DDR. Ursachen – Abläufe – Folgen, Bremen 2003

Jens Schöne, Die Landwirtschaft der DDR 1945–1990, Erfurt 2015

Jens Schöne, Volksaufstand. Der 17. Juni 1953 in Berlin und der DDR, Berlin 2013

Sylvia Weigelt (Hg.), »Von Zwätzen bis Ammerbach und Ziegenhain – in die LPG treten alle Bauern ein!« Die Kollektivierung der Landwirtschaft 1950–1960, Erfurt 2010